Y DE REPENTE, TODO ES AMOR

Alfonso Becerra Álvarez

EDITORIAL

Poesía...
eres tú.

Y DE REPENTE, TODO ES AMOR

Primera Edición 2025
© *Alfonso Becerra Álvarez 2025*

© *Editorial Poesía eres tú.*
https:// poesiaerestu.com
C/Dr. Fleming Nº50, 4ºD
28036 Madrid
Teléfono: 34 91 345 38 17
Fax: 34 91 350 80 54

ISBN: 978-84-18893-98-8
Depósito Legal: M-9612-2025

Y DE REPENTE, TODO ES AMOR

ALFONSO BECERRA

A mi padre
A mi madre

PRÓLOGO

Por Joaquín Pereira
@Joaquin.Escribe

Inicio la escritura de este prólogo el 21 de marzo, Día Internacional de la poesía e inicio de la primavera. Y quiero aprovechar este ingreso a la estación para utilizar una metáfora que tiene que ver con ella: El jardín. Los hay de todo tipo, unos son minimalistas, otros son laberínticos, pero hay también los que nos generan la sensación de que son mágicos, y comenzamos incluso a creer en las hadas. Si vemos a un libro de poesía como un jardín y al poeta como su jardinero, podremos como lectores adentrarnos en sus páginas con más cuidado, atención y reverencia.

Los editores de texto tenemos la tentación de introducir los materiales que llegan a nuestro escritorio en una especie de máquina que separa, organiza, limpia, ordena, pule,... Tenemos la tendencia a buscar estructuras equilibradas y rítmicas. Pero en el caso de un libro de poesía debemos ser más cuidadosos, respetar las particularidades de la obra, esas que la hacen única y encantadora. Un poemario es perfecto tal como fue creado por su autor —elegante o irregular, pomposo o inocente—. Como editores que nos invitan a limpiar el jardín, sólo podemos recoger las hojas secas —los gazapos—, quitar alguna que otra mala hierba —errores de ortografía— y dejarlo tal cual fue creado por su jardinero.

Imagínense introducir un corazón palpitante y luminoso —el corazón del poeta— dentro de esa trituradora. Imagínense que arrancáramos cada poema —cada planta— para agruparlas por especies y podarlas según algún criterio pre establecido. Sería un desastre, habríamos matado el poemario, habríamos destrozado el jardín.

Volvamos a adentrarnos en él: Las rosas se confunden con las enredaderas; el camino interno es irregular, algunas veces es plano y empedrado, otros tramos son elevados y con algunos charcos de agua; hay estatuas caídas y rotas cubiertas de moho; los pájaros se bañan en las fuentes y componen una melodía con sus trinos;...

Con una sensación similar inicié la lectura del libro de Alfonso Becerra que tienes entre tus manos. Estás en el umbral de un jardín maravilloso. Yo soy el guardián de ese umbral y mi papel es advertirte de los peligros y guiarte para que puedas percibir las maravillas que este jardín —poemario— esconde.

Entre las advertencias están las siguientes: No pretendas categorizar las plantas —poemas— que encuentres, no critiques si una rama —un verso— está torcida o es más larga de lo que tu concepto estético te sugiere. No intentes arrancar las plantas y agruparlas por especies o categorías: harás que las hadas huyan.

Más bien pasea por las páginas con la mirada de un niño que se sorprende y juega con lo que va encontrando: Una estatua de Santa Teresa de Jesús —guía espiritual del poeta— iluminada por una vela; un señor y una señora sentados en un banco —el padre y la madre del poeta—; un joven maravilloso que hace ejercicio y te saluda con un guiño al pasar a tu lado —el hermano del poeta—; dos señoras que tejen en un rincón y que te dicen "te invitamos a la Calle de la Fe"; un joven que mira la Luna llena y escribe en un cuaderno todo lo que no pudo confesarle a su amado; la puerta abierta de un recinto frente a la que yace un caballo; entras y descubres el hogar-taller del poeta: su cama, la ventana que cierra en invierno y abre en verano, la encimera sobre la que prepara sus alimentos, la foto del joven maravilloso que viste corriendo hace un momento —su hermano Pedro María— y a su lado, la imagen de Santa Teresa de Jesús en chispa de Luz.

Leer *De repente, Todo es Amor*, es adentrarse en el jardín íntimo de Alfonso Becerra: hay zonas iluminadas y otras oscuras; unas están ordenadas y otras vueltas añicos —a propósito—; hay rincones cálidos como un beso y otros fríos como una despedida;... pero sobre todo hay una presencia que flota por encima de todo: Dios.

Alfonso Becerra me recuerda a Alberto Caeiro, uno de los heterónimos de Pessoa y mi favorito. Ambos son poetas naturales, ingenuos, apasionados. No escriben pensando: ¿esto le gustará a alguien?, ¿los eruditos le darán el visto bueno? No, cada poema surge en medio de un estado de trance, producto de un estado emocional sublimado —exaltado, engrandecido, enaltecido, ensalzado, glorificado, encumbrado, ennoblecido, alabado.

Alberto Caeiro es el poeta que mira a la Naturaleza como si lo hiciera por primera vez, sin prejuicios ni expectativas. Su alma es guardiana de pensamientos y palabras: *O Guardador de rebaños* y O Pastor Amoroso. Alfonso Becerra es similar, ambos creen que sólo la poesía es capaz de aproximarse verdaderamente a la realidad.

Los poemas de Alfonso Becerra no fueron hechos para ser analizados como si revisáramos los engranajes de un reloj. Los poemas de Alfonso Becerra fueron creados para ser escuchados. Cada verso es el canto de alguno de los pájaros que se resguardan en su corazón y salen al mundo a volar cuando ve al ser amado, cuando saluda a la dependienta amiga de una tienda del barrio, cuando se alerta al ver la cola cubierta de escamas de un ser que se escabulle en la noche o al reconocer en el viento de la mañana la caricia de Dios.

Alfonso Becerra despertó a su destino poético durante el confinamiento por la pandemia del 2020: *En Lavapiés Los Días Son De Poesía* (2021). El encierro lo llevó a escribir su primer libro de poesía. Él reconoce que fue como un volcán que erupcionó. Los versos salían con fuerza y a borbotones. Luego su corazón lo llevó a explorar en su segunda obra el misticismo, lo religioso —de *religare*, volver a unir—, y acercarse a la divinidad: *Para ellas Para ellos* (2022).

Es así como, después de adentrarse en las profundidades del magma de sus emociones y elevarse a las esferas sutiles de su espíritu, vuelve a la tierra, a su recamara, a su cuerpo y más sosegado se dedicó a escribir durante dos años —2022 a 2024— al Amor. Con mayúscula, un amor que trasciende a la simple atracción por el ser amado, que abarca los objetos, los espacios, las calles, las montañas, el universo... Dios y el Alma: *De repente, Todo es Amor.*

Mi acercamiento a la poesía ha sido un camino más bien sinuoso: Rubén Darío, Benedetti, Neruda,... durante el bachillerato; *El cantar de los cantares*, en la Biblia, cuando asistía a la iglesia a cantar con un grupo de jóvenes; Rafael Cadenas, Eugenio Montejo, Leonardo Padrón,... durante los años que dicté mi Taller de Escritura Creativa en la casa del escritor venezolano Arturo Uslar Pietri. Y finalmente a Fernando Pessoa, cuando visité la tierra natal de mis padres y me inspiré en las creencias espirituales del gran porta portugués para escribir mi novela *El Enigma Pessoa* (2020).

A Alfonso Becerra lo conocí en diciembre del 2022 cuando inicié la práctica de yoga en un centro de Lavapiés, en Madrid. Realmente lo conocí antes, por medio de unos carteles verdes con letras blancas en tipografía chulapa con versos que encontraba pegados en algunas calles de la ciudad, eran suyos. Lo invité a uno de mis live que realizo regularmente en mi cuenta de Instagram @Joaquin.Escribe para conversar con escritores. Fue así como me fui acercando a su obra y poco a poco conocer al autor, al hombre, al poeta. Terminando el otoño del 2024 estuve cinco días alojado en su hogar-taller en medio de un torbellino que me sacó de Madrid a Galicia y de allí devuelta a Madrid. Fue allí donde presencié los pequeños detalles que rodean su mundo: sus libros, sus recuerdos y su fe.

Si hay algo que puede caracterizar a Alfonso Becerra es su generosidad, no sólo al brindarnos su obra y mostrarnos su intimidad, sino que en ella invita a que otros creadores muestren su talento, como aquella obra de arte que encontramos de repente en medio de un jardín: Su amiga Mónica Pulgar y él se dedican poemas entre sí —*LA VÍSPERA, DESPUÉS DE LA VÍSPERA*—; su primo David Lavado Becerra se inspira en la Luna para escribir un estremecedor relato incluido al final del libro; los homenajes que hace a Madrid, Lavapiés, donde vive, y a Torremejía (Extremadura), la tierra de origen; hay dedicatorias, a su padre, a su madre, a su hermano, y una especial a Kily, que partió en 2024.

Al terminar de escribir este prólogo salgo a caminar por el Paseo del Prado, escuchando un playlist en Spotify que me envió Alfonso y que dedica a Santa Teresa. La música me eleva y me hace pensar en la relación que existe entre los jardines y la poesía. De repente me encuentro a un escritor sentado en una silla frente a un pequeño escritorio. Sobre él una máquina de escribir. Se llama Pablo Urizal. Me invita a que le diga una palabra y un motivo y con ambos me escribirá un poema. Más que una palabra le digo un nombre, más que un motivo le expreso una confesión. Entonces me escribió el poema *Guardo en el pecho* que incluyo en esta puerta al jardín de Alfonso Becerra, esperando que el destinatario al que se lo dedico lo encuentre cuando esté paseando a su mascota:

Si guardo en el pecho ·
el calor de mil hogueras
y las ganas de seguir caminando
y todas las flores de la primavera
y un amor como una brújula
es gracias a ti
que dibujaste luz en la sombra
y un rincón donde tejer, de nuevo,
Esperanza.

Si guardo en el pecho
tu nombre, ...,
es porque tu nombre me tiende la mano
y me sabe a mañana,
es porque te debo más
de lo que nunca podré agradecerte,
es porque pintaste calma en mi tormenta.

Si guardo en el pecho
estas ganas de caminar
son todas gracias a ti
que me salvaste
y me regalaste
la Vida

Ahora pase adelante, al jardín de Alfonso Becerra: *De repente, Todo es Amor*. Quizá se inspire a escribir su primer poema.

TENGO SED

Tengo sed de querer vivir, de volver a sentir.

Hoy tengo sed, de que vengas aquí, convertido
en viento, en brisa, en recuerdo, en presencia,
para renovarme con tu luz, poder tocar el gozo
que siento al tenerte y respirarte, cerca de mí.

Tengo sed de quererte vivir, de volverte a sentir.

Alma, quiero beber de tu fuerza con templanza,
saliendo de esta prisión, corazón angustiado,
perdido en la desolación, mirando fijamente,
fuente de dulce calor, sosegada calma y Amor.

Tengo sed de querer sentir, de que vengas a mí.

Trasformando lágrimas en el mes de abril,
regando el campo que llevo dentro de mí,
Sol radiante, luz incalculable, volviendo,
regresando, alivio, consuelo, me rocías
con tu aliento, tres letras por el cuerpo.

Tengo sed de miel de estrellas, entrega y pasión
que sólo tú me das, palabra que me invade, PAZ.

18 de abril de 2022

PUÑO FUERTE

Hoy me pongo a escribir de puño fuerte
mirando dentro de mí, queriendo entender
y no encuentro respuestas
a las preguntas que le hago a mi ser.

En días de impotencia y desolación
me hallo perdido en un rincón,
intentando escuchar mi corazón,
—pero no hay paciencia, tampoco atención—,
deambulando en esta humilde habitación.

Me vuelvo a parar, para contemplar,
y mis emociones perdidas están,
gritando querer escuchar, la Verdad.

Me aferro a la Soledad, aislado en este lugar,
llamando al silencio, que no suelo encontrar,
por fuertes voces que en mi mente residen días atrás.

Hoy me pongo a escribir, para huir, para volver a sentir,
escuchar e intentar responderme a todas estas preguntas
que tanto me hacen dudar.

SENTIR DESCONOCIDO

Una métrica y un sentido aparece
vibración superior pero mediana
con temperatura desconocida
más bien fría, condensada.

En filtros finos y pesados
anclados por toda la piel,
de impotencia y querer,
un peso, una carga,
de llamar a Lucifer.

Como querer reír y llorar
sentimiento desconocido
deambulando desnudo
encontrado, perdido.

SOLO

Solo, cemento rallado en polvo
Solo, cubierta de piedras frías
Solo, árbol del bulevar
Solo, en los pasos perdidos
Solo, saludo desconocido
Solo, puerta cerrada al cielo
Solo, repartidor en la noche
Solo, patio sin luz
Solo, bajo la lluvia y el Sol de abril
Solo, quiero estar Solo, viajar en mí
y escribir poemas, sólo para ti.

DESDE MAYO

Desde la entrada observo,
un pino y palos secos.
Un zumbido de celos y aislamiento.

Desde mis pies siento el dolor,
porque tiene novia.
No lo entiendo, no comprendo.

Desde que comenzó el día,
no me encuentro.
Un cóctel sin sentimientos.

Sin nombre
busco en una carta
su interior.

Desde que observo,
no me entero de lo que pasa.
Por el borde de mi Alma.

Desde que no me hallo,
anclado, Sol de mayo.
Tarde de lo inalcanzado.

13 DE MAYO

Ventana alargada abierta,
bálsamo de brisa fresca,
puerta que abre y cierra,
ojos cansados contemplan
un cielo azul celeste fresco,
atardecer caricias del viento.

Mientras tanto, por dentro,
otros colores, otras sensaciones suenan,
melancolía me lleva, no sé dónde,
quizás sea tristeza,
o simplemente astenia de primavera.

PASOS

Del caminar sideral
primavera abierta
Luna llena, Luna nueva
pasos que me llenan.

Campanas que suenan
desde dentro y fuera
recorrido por el cuerpo
sosteniendo vida y tierra.

Quisiera yo comprender
el secreto de todo mi ser
y así poder entender el
misterio y locura oculta.

Del camino campanas
quisiera escuchar, pisar
obtener, encontrar, hallar
y alcanzar la Verdad.

CIMA II

Aplastado el llanto
y pisando la tierra,
transformada en barro,
sientes el peso de los años.

La piel cambiante, girando,
moldea el cuerpo, silencio,
raíces ancladas, viento
y refugio, de rayos de Sol.

Faros en los ojos,
mientras buscando la cima,
encuentro la mirada íntegra
de la gran montaña y cima,
del Amor.

QUISIERA

A veces pensar en otro nivel

Tal vez sí, tal vez no, no lo sé

Quisiera saber dónde estás

Caminando en la búsqueda
quisiera saber la Verdad

Escuchar y escuchar gritos

Ventana abierta y cerrada

Quisiera tal vez volar tu voz

Sentir cerca y lejos, en ti

Viento en la estación

A veces camino tal vez

Quisiera viento sentir

Quisiera escuchar
tu voz en mí

PASADO

Me gustaría quedarme
a vivir en aquel día,
viajar en su mirada,
callado en la palabra.

Yo querría volver a ti
felizmente a la espera,
de un verano de ensueño,
aunque pese la tormenta.

Danzando los pensamientos
de la brisa del valle fresco,
viajando al falso encuentro,
no te olvido, te recuerdo.

Siempre vuelves en verano,
no te quiero, no te tengo,
no te siento, no te extraño,
sensaciones de un pasado.

LA PATRIA

La patria que siento y conozco
son las manos del obrero,
las escuelas, los maestros,
la ciencia y los barrenderos,
los hospitales y residencias,
y todas las personas
que trabajan en ellos.

La patria que veo es el pueblo,
los niños que juegan en la calle,
los agricultores que labran el suelo
con sus manos y sudores,
dejándose el cuerpo.

La patria que vivo madruga como el ganadero
sin que salga el Sol todavía,
trabajadores que se desplazan kilómetros
para lograr sus sueños.

Mi patria son, las limpiadoras y los camareos.
La patria son los transportistas y camioneros,
las cajeras de los supermercados, los dependientes,
los ancianos, los deportistas,
mis vecinos, mi barrio,
y todo mi pueblo.

La patria son los valores, la educación y el respeto,
llevándola por fuera, sintiéndola por dentro.

TODAVÍA

Todavía no sé cómo mirarte
Todavía no sé cómo acercarme

En un barrido intenso de alejarme
En un grito interno de tenerte

Todavía no sé cómo acercarme

Me gustaría bandadas de bailes
Cien palomas llenas de armonía
Tu cuerpo, ese deseo de otra vida

Todavía no sé cuándo me miras
Todavía no sé cómo mirarte
Todavía no sé cómo tocarte

FUEGO DE DIOS

Apoyado en el fuego, recuerdos al vuelo
de cemento ardiente en el día,
y granito abrasador en la noche,
en un rescate, en una voz,
de llama interior,
saliendo del pecho,
como el rayo fugaz,
pero más leve,
con su presencia
de Soledad ausente.

Lleno de fuerza, en un brote,
en agua que corre, en el desierto,
del cuerpo, cascada en el Alma,
de pedidos perdidos en la noche.

Hablando con él, sin palabras,
en bocanadas de aire caliente,
alivios que llegan al núcleo
del corazón de dulzura,
sintiéndola cima de lo justo,
redondeando al viento,
con su presencia a mi lado.

DE POR FIN

De rutina viajera
De días pasajeros

De noches en velas
De cuerpo ardiendo
De raíles de viento
Estaciones de fuego
Viviendo en sueños

Por fin, un bálsamo por dentro
Por fin, un aliento,
Por fin, un apoyo,
Por fin, el reencuentro.

ESCÚCHAME

Dame conversación a mí, oración conmigo mismo,
para escucharme en la profundidad del silencio.

Perdóname, quiéreme y así me querré aceptando,
para que se diluyan los rencores y enfados de ira
dentro de mí y fuera de mí,
que el Alma pura está cuando me perdonas
y siento que a tu lado estoy,
despertando en la noche, en sueños de lujurias
y desconciertos, siento y percibo, que la voz interior
siempre vuelve, siempre en el centro está conmigo.

En días de melancolía, con cansancio abrasador,
te he sentido desde la fatiga, la rabia y el dolor.

Quisiera, o tal vez estar,
permanecer en ese mundo de armonía y paz,
en ese estado que es muy parecido a la felicidad,
que tan sólo tú puedes y me sabes dar.

Gracias por volver,
porque, como mucho te repito,
a veces, se me olvida que estás.

DE TORREMEJÍA

A mi pueblo

De racimos de uvas verdes
nace el vino de Torremejía,
dorado agosto es su tierra,
dehesa extremeña, Amor y encinas.

De manos fuertes de campo
nace aceite para el caldero,
verde olivo, aceituna negra,
cosecha, lluvia, ajos enteros.

Puerta de tierra de barros,
falda de la sierra de jara,
pasos de calzada romana,
Solano del Oeste, su viento.

Pozos en sus patios residen,
con dulces ecos flamencos,
gente de corazón valiente,
niños, mujeres y obreros.

Torremejía, estrella y ocaso,
torre de plata, Almas que brillan,
Torremejía, Amor, pueblo de luz y alegría.

18 de noviembre de 2022

MOMENTOS

En los momentos, está Dios

En los instantes de encuentro
En los desiertos del cuerpo
En los latidos del corazón
En las brisas de las mañanas
En los pasos del día a día
En las subidas y las caídas

Sosteniendo, el Alma mía

En los momentos, está Dios

Un volcán en erupción
Incandescente temblor
Sintiendo el todo, Amor

TERESA

Teresa, es mi cobijo
mi sustento perdido,
con ella escucho al viento
y encuentro al silencio.

Teresa, es un alivio
en las noches que tiemblo,
que lloro por dentro,
viajando al firmamento.

Teresa, es un suspiro
con gratitud hilada
de sonidos y susurros
en humildad y calma.

Teresa, me cobija
Teresa, es poesía
Teresa, me proteje
en la selva de la vida.

COMPASIÓN

No entiendo la repetición
de diferente manera,
donde el cuerpo se manifiesta
por ruidos, insultos y amenazas.

Alimañas sin conciencia de
un mundo superior para ellos.
De la falta de Alma y Verdad,
atacando para sus intereses.

¡Parásito sin control,
mandado por el silencio
del presunto cómplice!

Majestuosa máscara de odio.
Lleva por bandera,
haciendo chantaje al débil y frágil caminante descalzo.

¡Sus armas agresivas
tienen poca fuerza,
débil como su Verdad!

Todo llega, su posición se verá,
no haré nada, se pondrá en su lugar,
el infierno que llama a gritos
su comportamiento vulgar y rastrero,
por mi parte, no hay venganza,
pero sí le llagará desde el cielo.

ALMA MÍA, VUELVE, VUELVE

Entre aromas de vainilla
Busco, Alma mía, busco

A la espera de quererte
A que nazcas de nuevo
Deseando querer verte
Con la lluvia del otoño

Alma mía, vuelve, vuelve

Gran placer que siento
Dudando en el infierno
Rendido recogimiento
Luz que corre el cuerpo

Alma mía, vuelve, vuelve

En los días de agonía
En noches de silencio
A la espera de paciencia
Por favor, ven, te espero

Alma mía, vuelve, vuelve

Te perdiste, no te tengo
No te vayas, yo te quiero
Ven conmigo, Alma mía
Alma mía, ya te tengo

Te tengo, Alma, ya te tengo

Es tan grande el dolor interno,
que a mis noches les falta aliento.
Es tan grande el peso por dentro,
que mis días observo en silencio.

Y DE REPENTE, TODO ES AMOR

De repente se repite la acción,
tengo que aceptar la derrota
lucha de maltrato y de rabia
imágenes que quiero borrar,
mendigo, Amor por las calles,
cruzando miradas, pidiendo,
consuelo, pidiendo, un aliento,
un abrazo, un beso, Amor, Verdadero.

De repente me viene el arrepentimiento,
de no haberme escuchado abiertamente,
las voces que interiormente me quieren,
me avisan a gritos, suavemente, la Verdad.

De repente me encuentro, empezando de nuevo,
sintiendo al viento, cruzando Madrid, lloviendo,
contemplando mi vida, como si fuera un cuento,
un sueño, y de repente, en pasos perdidos,
en calles y miradas, de repente, me encuentro.

EL SUEÑO

Caballo tumbado en la entrada
Es marrón como tierra y barro
En un lugar tan sorprendente
Que me es imposible describir

El viaje se llena de sudores
Emanando en plena noche
Desde la nuca a los tobillos
Expulsando lo introducido

Llevando riendas de agua
Caballo marrón se levanta
Enfrentándose a la bestia
Miedo, cAlma y fortaleza

Despertando al encuentro
La Verdad y el Amor brillan
Siento ahora justicia,
Porque todo era un sueño, un sueño.

LA VÍSPERA

A Mónica Pulgar

El sábado me inundará la tristeza,
brisas húmedas, de paredes viejas.

La poesía, vértigo del tiempo, enAmora
querer algo, que no está a mi alcance.

El Sol se hace esperar, sintiendo el vacío,
precipicio, muros, jardines, interno estío.

La dueña será la noche, el Alma, el frío,
el verbo, el cuerpo, el silencio perdido.

El encuentro llegará Solo, en la víspera,
sin avisar, será especial, Amor de Verdad.

DESPUÉS DE LA VÍSPERA

A Alfonso Becerra

El Sol respira sereno,
mi sombra dibuja su aliento,
la vida renace de Amor,
el día danzando lo eterno.

Y yo, que todo lo siento,
abrazo la gloria y contemplo.

La ilusión de los vientos en flor,
esperanza de gozo sincero,
posibilidad infinita y color,
el ritmo del mar en mi cuerpo.

Y yo, que todo lo siento,
canto a la luz y navego.

Soy la sangre del mundo,
Dios, mi gran aliado,
gratitud a esta Tierra bendita,
escenario de espinas y clavos.

Y después, silencio.

El Amor a la Vida en mis versos.

NUNCA TE ABANDONARÉ

Nunca te abandonaré
Para mí que me pienso
Como siempre sienten
En este mundo inmenso

Amor, nunca te abandono
Estarás en la conciencia
Sostendré en lo cierto
Carriles fríos, hacienda

Nunca, te abandonaré
Para mí que me pienso
Como siempre sienten
En este mundo inmenso

Avanzó en lo incierto
Alma, zumbido viento
Quiero de tus senos
Dios del Universo

21 DE ENERO – CAMINO DE PERFECCIÓN

A mi padre

En esta aurora de silencio
En esta oscuridad de invierno
En este viento, en este aliento
En este laberinto, me encuentro

Amor seguiré siendo, pobre y noble.

Ni valorado, ni agradecido, ni reconocido,
engañado, desplazado, saturado,
desencantado, incomprendido, aislado.

Amor seguiré siendo, pobre y noble.

En esta aurora de silencio
En esta oscuridad de invierno
En este fuego, en este infierno
En este desierto, me encuentro

Amor seguiré siendo, pobre y noble.

Derrotado, dolorido, abrumado,
hundido, fatigado, espantado,
cansado, herido, decepcionado.

Amor seguiré siendo, pobre y noble.

DOS VIDAS

Noche oscura en Soledad
Llama enciende al avisar
Oasis existencia inmortal
Invadido cuerpo celestial

Corriente fuente ardiente
Agua viento, vuela paloma
Luna, mi corazón explota
A ráfagas, como las olas

Saliendo el fuego interno
Llamando a lo Verdadero
Sintiendo la unión,
Eterno Amor, ¡cuánto te quiero!

¡Despierta Universo, vida!
¡El Sol se enciende en mí!
¡En los senderos de locura!
¡Invadido de música, vivir!

LUZ DE MIEL

Amor, eres frío y eres calor también.
Amor, eres tierra y viento tal vez.
Amor, eres estrella de luz de miel.
Eres mi silencio y la lluvia al caer.

Agua iluminada en una mirada
de noches cerradas, Luna llena,
auroras y rocío en la mañana,
cima, valle y niebla condensada.

Amor, eres frío y eres calor de Fe.
Amor, eres tierra y viento al querer.
Amor, me completas de paciencia,
rezándole a la interna tormenta,
apagando el fuego de lava presa,
quédate en mi morada, serena.

Amor, eres silencio y lluvia al caer.
Amor, eres estrella de luz y miel.

27 DE FEBRERO

A mi hermano

Hoy has aparecido de nuevo
ha sido corto y dulce sueño,
una siesta, de puro invierno.

He vuelto a oír tu voz, sonido,
y te he visto de lejos, espejo,
ya se va acercando la edad,
ahora nos parecemos más.

Estaba preocupado por el olvido,
pensaba que moría el recuerdo,
pero hoy has llegado,
sí, un reflejo de Luna llena,
voz, de viento frío,
oliendo a tarde helada, extremeña,
estaba durmiendo, te veía, muy cerca.

¡Esta tarde has bajado del cielo,
volando, corriendo, aterrizando
en Lavapiés!

¡Para recordarme que sigues vivo,
en mi corazón, en mi cuerpo y en mi piel!

LUNES NEGRO

Después de la decepción de un lunes negro,
y el sueño tirado de un martes perdido,
en la resistencia de un día frío y lúcido,
muy derrotado por dentro y hundido.

Donde la culpa ha ido haciendo llaga,
a lo largo de la semana,
y yo, me identifico con este mal,
huésped y ladrón que habita en mi interior.
¡Diablo, demonio, cabrón!

Mirándolo de frente, es fuerte tormenta feroz,
presentándose con la despensa siempre llena,
inundando mi templo dc humo y color de hiena.

Disfrazado de sensación tan dulce y placentera,
pero a su vez es muy destructiva y traicionera.

Sí, lo controlo en el momento,
lo quiero agarrar, sostenerlo, retenerlo,
para mirarle a los ojos, sí,
que son de fuego intenso,
y tocar su piel de reptil.

Me es imposible su caza,
es muy sigiloso y muy sutil,
imposible domar el gran mal,
verosímil, que habita en mí.

LA ENCIMERA

¡Qué contento estoy con mi encimera!

Ni la he limpiado, porque es nueva.
Es de un blanco único, cocina de lujo,
antes era una puerta y no tenía uso,
le he quitado las bisagras y tornillos,
para que se apoye justo en su sitio.

Pero, ¡qué contento estoy con mi encimera!

La he cogido y la he puesto sobre la nevera,
ahí apoyo el frutero y la tetera, es tan nueva,
que se refleja la azucarera, blanca, reluciente
y brillante también, como la misma encimera.

Sobre ella voy a elaborar, ensaladas, lentejas,
potaje, ternera guisada, tortilla de patatas,
judías verdes, y de postre manzanas asadas.

¡Por Dios! ¡Qué contento estoy con mi encimera!

¡Ella es blanca, con reflejos y marcos de plata!

Antes era una puerta,
ahora se apoya sobre la nevera,
y para mí es la perfecta encimera.

SÁBANAS COLGANTES

Amor, en este estado debilitado
donde me encuentro, silencio,
este río de sabanas colgantes
de hilo azul,
rozando el borde del descanso,
impaciencia que corre por la sangre,
liebre es el suspiro de una tarde,
donde el tiempo se transforma
en la Paz reinante del espacio, Amor,
este estado alegre y enfadado,
ruido interno, calmado, Amor,
en esta tarde donde me veo,
remordimiento, fuego, brasa
ardiendo, ceniza de encina,
el sonido de los lamentos, Amor,
sácame de mis aposentos.

SANTO VIERNES

A Mª Carmen

Al presentarse un sentimiento,
una noche de pasión absoluta,
es la primera vez que lo siento,
Paz invadiendo todo mi cuerpo.

He podido ver cómo ascendía,
en el idioma vivo del espíritu,
con los ojos abiertos al instante,
lumbre de gran Sol radiante.

Me lo ha dicho muchas veces,
durmiendo a mi lado derecho,
he tenido un gran regalo, Amor,
¿Por qué has querido visitarme?

¡Sí, he visto a un ángel!
pequeño, muy hermoso,
con un gran dardo de fuego,
¡apuntando suavemente mi pecho!

7 de abril de 2023

SIETE PALOMAS

Bajo la tapa negra, que oculta las hojas,
bajo la piel de abril, rozando el frío tardío,
bajo un manto de naranjas, se cubre la casa.

Bajando la cuesta vienen volando, siete palomas.

Más allá, la Atalaya se delata al inicio de la calle.
Más allá, se oyen los gritos de ayunos voluntarios.
Más allá, se encuentra mi corazón, la tiendo más allá.

Bajando la cuesta vienen volando, siete palomas.

Mientras el mes, su niña bonita, no derrama lágrimas.
Mientras la vida pasa, como un viaje, de un viejo tren.
Mientras el agua se transforma en vino, siento el fuego.

Bajando la cuesta vienen volando, siete palomas.

TRES TIEMPOS

En el tiempo veloz y ocurrido
me di cuenta la importancia
que tenía el tiempo perdido,
las horas tiradas,
los días en la nada,
el tiempo dentro y fuera
no estaba, no existía, una farsa,
un viaje, un deseo, un placer,
tan dulce y amargo a la vez.

Caminando sobre agua dulce
y espinos salvajes,
lleno de contrastes,
de voces lejanas y sombras cercanas.

En esa escalera de madera
encontré la respuesta,
que nunca quise, preguntarme.

MAYO SUTIL

Caluroso mes de miradas perdidas
Horizonte en el descanso y encanto
Envuelto en una brisa, casi cristalina
Muy cerca, viento de dulce aposento

Los días claros, me llevan a su gran cima
Caricia dulcemente, caramelo y corazón
En la mesa, apoyada la jarra, de agua fina
Pastas de mantequilla, mermelada de limón

En su mediana tarde, me invade el sueño
Siempre avisa, entro y salgo de otras vidas
Quiero quedarme aquí, humilde y pequeño

En mayo por dentro,
El geranio florecer sutil
La primavera cantando, viene al encuentro
Siempre cerca de ti, Amor, me siento feliz

VOLVERÁN

Me arrancaron los versos y las rimas
Me quitaron la energía de las palabras
Me robaron la ilusión del rapsoda
Me dieron la espalda, ellas, las musas

Se fueron las voces que cantaban
Se quedó, el silencio, Solo conmigo
Se perdió el papel y la pluma del poeta
Se cayeron todos los cuadernos, al vacío

Volverán, los sonetos con instrumentos tocados
Volverán, los versos y verbos recitados con música
Volverán, los poemas escritos de puño y corazón

Volverá la paz, el Amor, la pasión, la Verdad y la razón
—el sentimiento—, la Luna, la lluvia, el rocío, la brisa,
el calor y el frío, volverán y amanecerá la emoción

Llegará, cada gesto en pisadas de Amor, llegará
Llegará, cada cruce de miradas, al alba, llegará
Llegará, la caricia Verdadera, y el encuentro, volverá.

CAMINO VACÍO

Mientras el viento frío del camino
siento el sonido fino y vacío silbido,
que refleja tu aliento en momentos.

Mientras los minutos de pensamientos
de espera perdida en el cuerpo,
la voz se hunde y enmudece lejos de la casa,
la llegada templada del latir en la nada.

¡Mientras el miedo y la nostalgia
sean cómplices de la rutina,
el cansancio es la llamada sin nombre,
donde sólo el cielo y el cuerpo tiene la palabra,
que no oigo, que no llega, que no me alcanza!

Mientras el conflicto esté latente en mente,
el viajero repite la rueda,
del destino, vacío, que camina y tropieza,
el frío rostro lejano.

ES LA PRESENCIA

La distancia corre alcanzando
la puesta que lleva tu nombre.

La paloma cómplice que se cruza
abierta en silencio de gritos.

Cubierto de dulce escarcha helada,
bajando a la orilla del gran río.

En la orilla de sentimientos,
abriendo las alas de la vida misma.

Sintiéndome Solo,
pero siempre contigo,
sintiéndome hijo de la luz.

La llamada que lleva tu nombre
en la mañana que me despiertas.

Es la música interior,
sintiendo el viento por los poros del cuerpo.

En la quietud del momento elegido
llega la raíz de lo real y lo divino.

Es la presencia, en la orilla del río,
el sonido, que lleva tu nombre.

PENSANDO MARÍA ZAMBRANO

En el aullido silencio dormido,
encuentro el sonido perdido,
días y noches, dulce quejido.

De los pasos fluidos, lejanos,
la justicia arrastra el manto,
pensando, María Zambrano,
pudiendo, romper en llanto.

En el aullido silencio dormido,
encuentro el sonido, perdido,
días y noches, dulce quejido.

Si entendiese yo, mi sosiego,
en perfección de humildad,
aportando, la Mía voluntad.

¡Filosofía para la humanidad!

ENCUENTRO

¿Qué será, que me invade el cuerpo?
Pisando fuertemente contra el suelo
Intentando levantarme sin fuerzas
En una noche ardiente y sin viento

¿Qué será, la luz que emana por dentro?
Derrumbado en la nada, vacío, siento,
espacio perdido, ojos apuntan al cielo

¿Qué será, que me enciende el Alma?
Dejándola seca y sin alas, sin voz, sin nada
Abatido en la llana y polvorienta habitación
Quiero levantarme y no me deja, mi corazón

Es tan grande la sensación bajante recto
El cielo y el infierno en el mismo cuerpo
Trigo y cizaña en el mismo encuentro
Soy un ser humano, de carne y hueso

Rebosante es el viento, que sale por fuera, sintiendo la sangre, caliente, que corre, se para, en un silencio, de eco profundo, en una llamada, de esperanza, de algún día, poder volverte a ver.

ES TAN FUERTE

Es tan fuerte el vacío de días perdidos
anclado en el mismo sitio sin sonido
que sale del Alma en horas mudas.

Es tan hondo el dolor sutil que se clava
suavemente por la piel,
atravesando la carne como aguja ardiente,
sintiendo el corazón herido, partido y abatido,
sin saber consolarlo.

Es tan fuerte lo que no siento en esos días
de aislamiento, en los que no me encuentro,
buscando una respuesta,
sin hallar nada en el fondo del desierto,
sin encontrar consuelo.

La Verdad en el silencio, contemplo, en la nada,
sin tiempo, sintiendo entrar el viento despacio,
por la ventana de la celda, del poeta Solitario.

TE ESPERO EN LA FUENTE

Es tu mirada la que me hace sentir,
húmeda y mojada tierra convertida,
barro incandescente, más tarde charco,
reflejo de tus ojos cristalinos y oscuros,
con un fondo de dolor, con un grito
silencioso que suena a enfado constante,
calmándose en fuerte cálido abrazo eterno.

Es tu piel de canela sutil brillando y rozando
mis manos secas, esparcido polvo de Amor,
otoño de hojas en el cielo y en el suelo, estrellas
encontradas en perdidos bulevares madrileños.

En la calle de nuestra frontera, la fuente está
respirando, en el tiempo que dura tu visita.

3 DE DICIEMBRE

¿Te volveré a ver? Me pregunté, meses atrás.

Sucedió sin querer, sin pensar, caminando fuerte,
mirando al frente, respirando sin saber que, en
la calle de la Fe, tres años después de fría nieve
negra de impotencia, regresaría el fantasma,
al mismo lugar, en un pesar de lejano recuerdo,
de fisuras perennes, que habitan en mi mente,
en mis huesos, en mi Alma y en mi cuerpo.

¡Y volvía ver a Lucifer…

La intuición me alarmaba, de tu presencia
inesperada, de tu encuentro próximo, dos
cuerpos, viento y esquina, grito en silencio,
¡Ave María! escasez y sequía sabía que volverías.

En un torbellino inesperado, en un grito mudo,
encuentro ciego, donde los ojos estaban abiertos,
la mirada ciega, cubierta de palabras sin sonido.

Durante un largo hueco y seco abrazo, se produjo
la estampida de los cuerpos, con el viento y el frío,
huyendo del hechizo, que tanto daño me causó.

Y te encontré sin querer, un día tres del último mes.
No me lo puedo creer, el volverte a ver, no me puedo
olvidar el daño que me hiciste, durante diez años atrás.

¿Y qué, si te volví a ver, sí, un día tres del último mes?

3 de diciembre de 2023

DOS PALMERAS

A mis dos hermanas

Entre dos palmeras que bailan, se cruzan dos pAlmas.
Traspasan rayos de Sol, alcanzan y alumbran mi Alma.
Acariciándome la cara, el pelo, los ojos, dolor sabroso.
Entre dos palmeras que bailan, fuerte luz me traspasa.

La danza que mi cuerpo baila,
son melodías de líneas rectas,
seco es el suelo del camino
pura fuerza, malva, resiliencia,
vuelven caricias, al rostro la brisa.

Entre dos palmeras que bailan, se cruzan dos pAlmas,
los rayos apuntaban a mis ojos, mientras murmullos,
suenan al fondo. ¡Son las voces que quiero abrazar!

¡Entre dos palmeras que bailan!
El Sol entero seduce mi Alma.
Una estrella se posa en mi cara.
¡Entre dos palmeras que bailan!

Es pozo interno, cristalina agua,
elevado canal, misterio, laurel y ciprés.
¿Por qué es ardiente el fuego en la frente?
Mojado, húmedo, valle, montaña y deseo.

¡Entre dos palmeras que bailan!
De luz se inunda mis huesos,
mi cuerpo desvanece entero,
vivo, muerto, intento, respiro
sostenerme eternamente en el limbo.

¡Entre dos palmeras que bailan!

Las piedras se me clavan en la planta,
mientras las gaviotas, cantan y cantan…
Su camino es verde, con violetas al oeste
y la puerta está abierta y mi Alma viva,
es perla alumbrada, a Solas con Dios.

¡Entre dos palmeras que bailan!
¡Entre dos palmeras que bailan!

¡Me encuentro, me limpio, me baño!
¡Manantial de agua purificada, vida!
¡Te seguiré buscando y llamando!

¡Entre dos palmeras que bailan!

LA CABAÑUELA

Será, aquel viejo ciprés Solitario,
testigo de dos días trabajados.

Será, el barro denso del camino,
viento, gravilla, leña y fuego.

Será, el horizonte y su atalaya,
reflejo de tu brillante mirada,
sonrisa noble, en la distancia,
chimenea, tiembla la llama.

Será, el encuentro inesperado,
de tu presente, de mi pasado,
de ruinas en silencio gritando.

Será, la mirada del gran ciervo perdido,
distancia sin nombre, será,
la espera, de enero
y del barro denso del camino.

SÓLO PARA TI

Sólo para ti, es la entrega de mi Alma en el pinar,
apoyando la frente en la madera de la casa, del paso
de la mañana, del aire que sopla, sobre mi rostro, en
busca de tu humilde encuentro.

Sólo para ti, me siento en el silencio, esperando tu
voz llegar, lejos del ruido y la maldad, mirando al
cielo, buscando una señal, una llamada, un aliento
tal vez, quizás una suave brisa del viento, acariciar.

Sólo para ti, es el blanco del papel y contemplar la
pluma correr, los poros de mi cuerpo sentir, en
recuerdos que no quiero borrar, en un énfasis sutil,
en un contraste de cansancio y querer vivir.

¡Sólo para ti, es la fuente que emana del centro de la
mañana, es el trueno suave interno que estalla en
forma de fuego, que busco, y no encuentro, aparece
en tu brasa viva, avisando que ahí estás!

Sólo para ti, es el ruido de la lluvia caer, con
delicadeza sobre mi cabeza, debajo de un cielo
encapotado, cubierto de nubes grises llenas de luz,
una tormenta de ecos lejanos, donde escucho tu voz.

Sólo para ti, es la suavidad al caminar de la
experiencia vivida, de los conflictos superados de la
vida, del reflejo del rayo que me avisa con atención y
cAlma, demostrándome tu confianza.

Sólo para ti, el ocaso de cada día, las Lunas de noches perdidas oscuras del Alma mía, donde te ausentas, en un rotundo silencio, comprendiendo más tarde, que permaneces a mi lado y conmigo siempre quieres estar y contigo quiero volver, al inicio y al final.

EL CEDRO

En el infinito vacío está el horizonte,
donde se halla la frontera sin línea,
frágil documentación sin palabras,
lenguaje sin acento, viento errante.

Es la humedad corriendo en estallidos,
arrepentida Luna creciente que asoma
en los silencios escondidos en suspiros,
el lobo cruza la calle, en sigiloso aullido.

Cambio, moradas, escaleras de mañana,
el cedro a lo lejos es aniquilado, sin voz,
sin abrazos, sin compasión, mientras el
Sol calienta en enero mirando a lo lejos.

Son los cristales de la entrada, la salida,
la llegada, las puertas y sus golpes,
son las matutinas horas en vigilancia,
son los árboles sin hojas, son las miradas.

Llorar por dentro, madeja de cipreses, álamos, rosas, laurel y espinos secos. Nubes altas en movimiento, humildes sentimientos, estaciones, llorar por dentro, sombras de lágrimas, silencio, llorar por dentro.

OTRO FEBRERO

En los pasos míos de caminos recorridos,
en los diarios días de susurros conmigo,
donde la incertidumbre canta y danza,
donde la duda grita, mi desconfianza.

Pensar sin saber si es correcto el sitio,
veracidad donde me llevas a ciegas
en un febrero diferente en el rostro,
de un cambio imprevisto sin calma.

En las noches sueño con un Amor nuevo
y con un sauce llorando lágrimas de luz
y camino la dura escarcha de senderos,
polvorienta tristeza en una desconocida
vigilia, sentado en el prado de mis sueños.

SECUENCIA DE MADRE

A mi madre

Viene de noche, llega en sueños, mirada encendida,
es la vida, son los momentos, infancia y recuerdos.

Todo es nada, viento y fuego, en ti pienso,
por favor ven de nuevo,
no busco, no busco,
sólo encuentro.

Miro hacia adentro, quiero silencio, silencio, silencio,
quiero Amor, quiero, quiero, quiero, Amor, Amor.

A veces, no sé qué vacío tengo,

¿Qué calle,
sendero,
camino,
rozas o
barbecho
es el correcto?

Ven de noche, mientras te sueño, Amor
de luz en silencio, de longevidad en mi rostro,
de voz de mediodía, de besos eternos.

¡Madre, madre, madre, te quiero!

LUZ DE LLENO

Se enciende, siempre resplandeciente,
hilo suelto danzando
en un fondo de un lenguaje mudo sin fin,
queriendo estar para querer contemplar,
sentir y respirar.

¡Rendido en Soledad!, alimento de fuego,
frío siento el viento que asoma, corazón,
de corazón confundido, ruido sin dolor,
querer parar, querer amar a la Verdad.

Se abre el balcón de luz, Amor, sí, tú,
¿dónde estás?, lenguaje de misterio,
reflexiones sin pegar, vacío y lleno,
monte, cima, ramos de flores y el mar.

Tiene sus tiempos siempre en silencio,
fluye la fuente del infinito manantial.
Esperanza se llama, el cielo del Amor,
sentimientos en sorbos, de dulce final.

VERDE GRANADA

Apoyado en la madera que brilla, escribo.
Fuera la tarde se oscurece sombría, llueve.

El pasillo duerme en pleno silencio, limpio.
Espero y espero que salgan los dos luceros.

La caldera se enciende Sola, sube el calor.
Teresa me pide un favor desde el balcón.

¡Espero y espero que salgan los dos luceros!
El jardín reposa su frescura belleza, camelias.

Ahora quiero que salgas, quiero que vengas.

Viernes de final paciencia, Soledad austera,
alfombra verde, verde esperanza, verbena.

¡Quiero que salgas, Amor, quiero que vengas!

ASÍ ESTOY

Así estoy, pendiente de las salidas y entradas de los días, sentimientos entre semana, los pasos que se cruzan, deseando que seas tú saliendo del aposento laurel que protege tu ventana, diario y jornada, pendiente del hilo del encuentro inesperado, es tan elevado, tan especial, son dos, los luceros de mutua mañana.

Me haces quedarme en un punto del vestíbulo sin respiración, sin control, sin aliento, asentando o intentando fingir que no pasa nada, nada de nada, cuando en realidad son mariposas y alondras las que vuelan en la entrada.

Se abre la puerta y tu cuerpo corriente me despierta de una vigilia austera, constante alerta lúcida, que huye cuando te acercas y más tarde vuelves y no te veo y siento el arrepentido tiempo que me queda, espera de tus buenas, de tus miradas encendidas, de tu vuelta, ahora no regresas, ahora me quedo vacío y se quedan tristes las plantas testigo de tu ausencia.

Regreso del descanso donde el protagonista es el viento y los pensamientos, arrepentimiento por no hacer nada en los encuentros de cinco días partidos.

Y se repiten los viernes de recogida, por el camino voy volando por una avenida, queriendo y deseando volver a la esperanza locura de la espera en las jornadas diarias.

Y cuando vuelvas a pasar por la entrada, iré hacia ti como un remolino de viento templado y te diré en un saludo con tono suave de despedida que quiero compartir, contigo la primavera.

LA ESQUINA DE GUTENBERG

Sobre la esperanza disipada la paciencia se alarga,
primavera cambiante, estado de alerta en el Amor.

Amor que siento, culpable de un creciente miedo,
estallido sin sentido buscando protección, otra vez,
se repite, estampida absurda que sale por dentro.

Es cortante y seco huir y salir corriendo, miedo,
ahora que te encuentro, quiero tocarte, quiero
quiero hablar contigo y quiero… disiparte miedo.

Y apareces en la esquina y vuelvo a volver a verte,
y de repente no sé, ahora no siento,
pero quiero tenerte, pero no me atrevo,
más tarde y después los recuerdos,
el análisis y vuelvo desesperado
a la paciencia, camino y los suspiros son eternos.

Es cortante y seco huir y salir corriendo, miedo,
ahora que te encuentro, quiero tocarte,
quiero quiero hablar contigo y quiero…
disiparte miedo.

En la esquina de Gutenberg nos quisimos abrazar,
y hablaron lo cuerpos, las Almas, los pasos, el encuentro.

¡Sólo quiero que me vuelvas a mirar
con los dos luceros que tanto deseo!

1 DE ABRIL

Sólo, desnudo y lleno de fe, observo el deseo.
Sólo, el verbo en su cambio, en su paciencia.
Sólo, sueño despierto en noche inquieta con
estación llena, cargada, Solo, Solo, Solo, lleno
de miedo, ruido sin despido, ruido sólo mío.

¡Sentado me quedo,
dudando en lo cierto,
en los ataques y en el Amor!

Danzando en la incertidumbre
sin nada seguro, equivocado
y mudo en emociones, sentidos
obsesivos y desnudos pensamientos.

¡Sentado me quedo,
dudando en lo cierto,
en los ataques y en el Amor!

Hay sombras que vuelven por el mismo camino,
es interno impulso, puertas de miradas
llenas de fuerte fuego, quieto y embalsamado (estoy)
aroma de rosas y naranjas cubiertas de dulce luz.

¡Sentado me quedo,
dudando en lo cierto,
en los ataques y en el Amor!

El futuro es un desconcierto que siento,
y siento los pasos que doy al lugar de los
encuentros, donde vuelvo ensimismado
al paraíso del enmudecido núcleo de Amor,
hablado y orado sin sonido, ¡ay corazón!

¡Sentado me quedo,
dudando en lo cierto,
en los ataques y en el Amor!

¡Hundido esclavo soñador!

PASOS VACÍOS

En la hora punta del final, Amor,
la repetida ocasión se devuelve,
la venganza con el tiempo viene
de una vitalidad recibida, a Solas.

¡Una desesperada espera interna
perdida por cualquier sendero!

Transformada en sueño roto.

Que viaja al centro divagando.
Sosteniendo el núcleo pesado.
Del sentido y la ilusión perdida.

Aquí los gritos mudos que corren
y los pasos en los paseos de vuelta
no sienten, se pierden, no se oyen.

Aquellos rayos lanzados en el rostro
del dulce Sol amenazante y repetido,
aviso sigilo silencioso, pasos vacíos.

CAMINO DE VUELTA

Qué fuerte pegó los disparos
de tus dardos luceros un tiempo
Qué fuerte pegó el romanticismo
decepcionado camino de vuelta

Qué elevada fue la sensación
que respiraba el viento al verte
Qué fugaz fue él impulso breve
compartir disipándose de golpe

Qué rápida corrió la ficción
transformada en corazón helado
Qué fuerte pegó la ilusión
matutina desechable al vacío

Arena esparcida, vestíbulo
de corriente espera repetida
nada de vuelta nada se queda
Qué fuerte pegó los disparos
de tus dardos luceros un tiempo

20 de abril de 2024

LOS DOS DE BLANCO

Apoyado en la reja de un blanco frente
me acaricia el reloj en la vigilia del sueño.

Por la calle me avisa el viento del oeste,
subes, me despiertas y me enciendes.

Pregúntale al viento cuántas veces
he suspirado por ti, pregúntale.

Fueron cortos los pasos, cuerpos enlazados,
es la luz, es el blanco encanto enamorado.

Pregúntale al viento cuántas veces
hc suspirado por ti, pregúntale.

Palabras en la ventana, son tus manos sobre
la nada, es tu acento moreno y piel blanca.

Lavapiés es testigo del blanco encuentro,
primavera, mayo, luz de patio y cuatro besos.

¡Pregúntale al viento cuántas veces
he suspirado por ti, Amor, pregúntale!

LA QUINTA LUNA

De un sobresalto leve y sin nombre
A las cinco de una Luna desconocida
Abriéndose las apagadas ventanas
Del seco silencio sin aviso, amanece

Enmascarado de sentimiento vacío
Profundidad ovalada en la mirada
Sentado reposa el corazón partido
Invadido del silencio en la mañana

Érase una noche sin espada
Una luz en vigilancia interior
Érase una Luna inesperada

Y sin respuesta lo supe todo
Y sin voz llegaré con cuidado
Al lugar cercano, de Mi Amado

SOMOS UN JARDÍN

Somos un jardín, mojada tierra, semillas y raíz
Brote creciente, hoja, ramas, hierba y simiente
Corriente de agua, vida llena, lilas y violetas
Verde tallo, rojo clavel, rosas blanca y laurel
Somos cuerpo, tronco, corteza, piel y belleza

Somos un jardín, viento fresco, Sol, luz y sentir
Somos árbol frutal de hueso y carne, somos,
hiedra y maleza, Amor, alegría, dolor y tristeza
Somos clarividencia viva, flor, lluvia, rocío y vida
Somos aire, polvo, suspiros, sueños, llanto y gozo

Somos un jardín, cristalina fría corriente afluente
Emoción labrada, piedra, pisadas, erosión y ramas
Tallos madurando y esquejes vivos trasplantados
Enterrada tristeza, alegría fresca y aves que vuelan
Somos un jardín, tierra mojada, vida, viento y raíz

*La vida es como un sueño
de estrellas humildes
en un aguacero, transformado en luz.*

DESIERTO

Horizonte de dunas tumbadas,
es la decepción de un vacío
—ese estallido sin ruido—
de una desolación creada por uno mismo,
hiriéndome en los pasos pesados por sombras aburridas,
creando miedo siempre en el camino de vuelta.

Tal vez sea yo mismo o quizás la negación
—de lo no merecido—
Quizás nadie a la espera y yo huyendo de la lluvia
sin mirar atrás, sintiendo que lo pierdo todo, Amor.

¿Me pertenece algo?

Algo, es el romántico cuento
de ilusiones perdidas, arena,
decepciones revividas, fuego,
cansancio y agonía, es el viento,
tristeza y dolor, sueño, lo quiero,
siendo el rechazo del desierto,
dunas de Amor,
aislamiento y protección.

SUMMER

Deja que todo pase en silencio, Amor
donde la distancia cantando sientes
los días que se acortan y no alcanzas.

Ahí, donde la hiedra sigue su curso, sube,
y el descanso permanece tranquilo, duerme,
es el tiempo que nos tenemos que llevar, vive.

Es el tren y el camino seco que nunca esperamos
desde la disciplina observada con la presencia,
es la hermosura y gran pureza el estar aquí.

Deja que todo pase en silencio, Amor.

Donde la distancia cantando sientes
los días que se acortan y no alcanzas.

Es el fuego, es la cuerda, es la noche de julio,
es la presencia de una desolación infinita,
de una compañía amada, de un cazador sin
armas, de un acercamiento infinito de luz.

Es el viento, las aves y el fresco, es el círculo
de golondrinas sobre mí, sobre el gran jardín
en el verano verde de sucesos íntimos y secretos
de palomas, agua e improvisados charcos serenos.

Deja que todo pase en silencio, Amor.

TRISTE MANTO

Ahora mismo no estoy para nada,
estoy para mí, en oración y sentir.

En este pozo de Soledad oscura y profunda
donde encontraré el agua fresca de la dicha,
donde he dejado de mirar el mundo exterior
para indagar y observar el mío propio, dentro.

Para el cuerpo de sentidos y emociones en latidos,
es el verbo, la palabra, el sonido tímido del viento.

No me encuentro al ver naufragar a niños indefensos
no quiero ver a los inocentes pagar las injusticias
no comprendo las guerras por intereses personales
no entiendo la envidia cubierta de maldad humana.

Así que canto, porque triste es el manto del viento
que llevo cubierto y también triste es el canto
del corazón, impulso de ilusión, estalla la decepción
para el cuerpo de sentidos y emociones en latidos.

SANTIAGO

Celda del silencio
Palabras del sentir
Lágrimas en vacío
Dios habita en mí

Días de recogimiento
Lluvia y bautizo sentí
Calles, piedras y viento
En mi rostro caricia sutil

Celda del silencio
Palabras del sentir
Lágrimas en vacío
Dios habita en mí

Sonido de altas campanas
Orujo, almendras, castañas
Carmelo descalzo, sandalias
Brilla mi corazón y mi Alma

Celda del silencio
Palabras del sentir
Lágrimas en vacío
Dios habita en mí

Son sus muros de piedra centenarios
Desde mi celda, venero El Sagrario
Teresa de Jesús y Apóstol Santiago
Voces del cielo, Virgen de El Rosario

Celda del silencio
Palabras del sentir
Lágrimas en vacío
¡Dios es mi jardín!
¡Dios habita en mí!

8 de septiembre de 2024

EN LA ESQUINA DEL OCASO

En la esquina del ocaso
Escuché llorar mi corazón
Estaba triste y cansado
Agotado de tanto dolor

La vida le enseñó el duro camino
Con la experiencia se marchitó
Con fuerte pesar los ojos abrió
Respirando heridas de decepción

La esquina era como un desierto
De dunas de complejo silencio
Interno fuego y arrepentimiento
Tinieblas de quejido hambriento

En aquella esquina anochecía
Sintiendo que Solo se desvanecía
Roto en pedazos lloraba y gemía
Y sus lágrimas de miel roja caían

No sabía de dónde el dolor procedía
Quería llamar a su madre y no podía
Sin voz, lentamente sus pasos latían
Mudo y en silencio se abría el nuevo día

Y la mañana con su rocío sutil
Lo quiso abrazar y darle lección
Que todo se cura desde el perdón
Estallidos de rencor y rayos de Sol

Cosiéndose muy lentamente sus heridas
Quiso que nadie se preocupara por su vida
Desolado, triste y desconfiado moría
Las nubes se acercaban y él no quería

Palpitaba como el viento de un jardín
Sentía que su llanto era agua de abril
Quería huir de esa melancolía febril
Es su profundidad quería vivir y vivir

Revivido se encontró mi corazón
En la calle del Amor, alivio y dulzor
Atalaya de esperanza estrellada
Y una suave dama llamada coraza

Y la noche acechaba con estrellas guiadas
Y la Luna esperaba impaciente su llamada
Con suspiros de alivio se calmaba la llama
¡Sus siete moradas se encienden de calma!

¡Corazón curado, fuerte y reconfortado!
Supo permanecer en silencio y anclado
Bajaron del cielo dos Ángeles volando
Y mi corazón brillaba de nuevo renovado

¡Dulce Amor que el viento y el Sol curó!
De aquel tiempo en la esquina del ocaso
¡De la dulce mirada tierna humilde De Dios
¡Cicatrices invisible, cubiertas de perdón!

MARGARITA

A Margarita Martínez

En el corazón de Lavapiés
había un antiguo Almacén
era mercería y confecciones,
en la estrecha calle de la Fe.

Margarita lo regentaba
siendo ella la que dirigía
aquella tienda antigua
llena de historia y vida.

En la caja registradora
justo donde el escaparate,
todo forrado lo tenía,
de vírgenes y santos.

Las paredes empapeladas estaban,
y no se veían, todas estaban cubiertas
de antiguas estanterías,
cargadas de cajas de ropa interior,
sábanas, mantelería y camisas de señor.

Y al fondo de la tienda
la gran máquina de coser,
donde tantas horas reían,
ellas, Margarita y Maruja
con charlas y alegrías cosían.

Realizaban todo tipo de arreglos,
Entraban y salían sus vecinas
y clientes de toda una vida,
saludando los buenos días.

Con nostalgia quiero recordar
los Almacenes de calle de La Fe,
a Margarita atendiendo siempre
con cariño en las mañanas,
de Lavapiés.

LAS MELODÍAS

Caminar sobre tus propias dunas
En un desierto oscuro y Solitario
Sintiendo los suaves rayos de Luna
Que sostienen el interno calvario

Dejando al silencio hacer su trabajo
Nada en el hogar se hace al respirar
El peso del aire caía sobre el rostro
Sin respuestas esperaba las caricias

Alma que descansa en dulce dolor
Cuerpo inundado buscando Amor
Al viento llamo y espero su canción

¿Dónde están las notas dulces que sentía?
¿Dónde te encuentras, alegres melodías?
¡De mi pecho en sueños, danzando salían!

KILY

A Kily Prieto

Asturias está en ti
entre hortensias,
bailes y canciones
y el cariño que me diste,
como una madre en Madrid.

¿Qué sería la vida, Kily?
Sentados en aquella escalera
sintiendo la luz de este poema,
que te hará inmortal para siempre.

¿Qué sería la vida, Kily?
Con tus dos hijos,
fruto de gran amistad,
donde hemos compartido
dulces viajes.

¿Qué sería la vida, Kily?
Con tus lentejas guisadas,
acelgas con zanahoria, patatas,
y un delicioso arroz con leche.

¿Qué sería la vida, Kily?
¡Sin todos esos momentos
compartidos y vividos,
que siempre permanecerán
en mi memoria y en mi corazón!

Asturias está en ti
entre hortensias,
bailes y canciones
y el cariño que me diste,
como una madre en Madrid.

2 de octubre de 2024

EN CASA

Sólo quiero estar en casa

Fumar tranquilo un cigarrillo
Asomado a la ventana
Aquí estoy sentado de nuevo
En el baúl viejo de la calle

Delicadamente suena el sonido
Del vaso caliente en el mármol
Cristal y agua, teniendo sed
Bebiendo de la Soledad dulce

La puerta la he dejado abierta
Estoy acompañado de tu Paz

Ven, ven, entra, riega y reparte
Usted sabe lo que es el Amor

ELEGÍA O SONETO

En un encuentro de enfado en la vida,
miseria simple de lo estrecho y profundo
respirando tierra y estrellas a escondidas,
música emana de las paredes, otro mundo.

En un momento de gloria elevada
el suelo se vuelve barro manchado
sobre una niebla amarilla envenenada,
el suelo se transforma, camino olvidado.

Estrellado a golpes con uno mismo
en un espacio de viento perdido,
mis pies descalzos en el abismo,

montante de día y luz en gritos,
baila el tiempo sutil y desconocido,
envuelto en lo amarillo, arrepentido.

LA JÍA

A Isabel Díaz

Torremejía tiene la JÍA
Que suena a quejido
Que es un suspiro
Que es Alegría
Que sale de la voz

Acentud'un pueblo
costumbres y tradición,
la estrevedes y el candil,
cadacé, de El Miajón.

En la JHÍA suenan
Alegres castañuelas
Que baila su acento
Soniquete flamenco
Que suena a canción

En la JHÍA en invierno
se hacen las matanzas,
y de la blanca manteca,
elaboran perrunillas
para Semana Santa.

Tremendista novela
de Camilo José Cela,
y de Luis Chamizo,
¡Jacha, jigo, jiguera!

Torremejía tiene la JÍA
Que sona al quejido
Que ye un sospiro
Que ye Alegría
Que sale de la voz

En la JHÍA en verano
se sienta en la puerta,
en agosto es la Feria,
y la vendimia se celebra,
cantando jota extremeña.

En la JHÍA se machan
aceitunas, se cuelgan
las uvas, se embotella
el tomate y en Los Santos
se comen nueces,
higos y castañas
en el campo.

Torremejía tiene la JÍA
Que sona al quejido
Que ye un sospiro
Que ye Alegría
Que sale de la voz

Se siente el Castúo con
sabor a uva y a melón,
tierra fría y de calor.

Los de la JHÍA tienen
dos romerías,
donde se guardan el JATO,
colgando una silla
en la encina del campo.

La JHÍA que se pronuncia
en el pueblo de Torremejía,
se nota el quejido en voz,
de la tierra extremeña
y el coraje del corazón.

La JHÍA celebra La Pura,
visten de fuego sus calles,
para que pase La Virgen
en sus fiestas patronales.

En la JHÍA se oyen
Ecos extremeños
Bailando su acento
Soniquete flamenco
Que suena a canción

¡Torremejía tiene la JÍA!
¡Que suena al quejido!
¡Que es Pura Alegría!
¡Que es un suspiro!
¡Que sale de la voz!

AMOR TATUADO

Desde mi puerta hasta la esquina
que lleva tu nombre tatuado.
Vigilia, sueños, sudor y caricia de verano.
Mariposa y caballo, te espero enamorado.

Estando en la calle del alba y del ocaso
dulce miel me piden mis tristes labios
esperando tu viaje y yo lejos danzando,
mirando el horizonte rojo y estrellado.

Desde mi puerta hasta la esquina
que lleva tu nombre tatuado.
Madrugada, brisas suaves impacientes
recuerdos vagos de un viaje guardado.

Inocencia de antaño, siento tus manos,
ojos verdes, miel en tus labios sellados.
Sueño de sudor y caricias de un verano.
En mi corazón tu nombre llevo anclado.

Desde mi puerta abierta hasta la orilla,
donde escribo el nombre de Mi Amado.
Quiero escuchar tu dulce voz.

Las golondrinas vuelven al nido
las cigüeñas regresan al alba
en mi mirada se refleja tu Alma.

Desde mi puerta hasta la esquina
que lleva tu nombre tatuado.

LA VOZ DE DIOS

He sentido la grandeza de la palabra
en muros centenarios llenos de oración.

En la dulce vigilia claramente he oído su voz,
ecos internos emanan de la fuente del silencio
del fuego ardiente del crepúsculo de nácar.

He sentido el rayo dulce de Luna blanca,
invadiendo mi pecho de lluvia ardiente.

He sentido, manantial de cielo y viento,
azucenas y diamantes, camino del Amor.

Son los muros que hablan, su tono sereno,
su silencio, luz y agua cristalina de oración.

Son sus palabras en un eco interno
y melodías suaves de una canción:

Ven conmigo, siente latir mi corazón.

CAMINO DE LUZ

Por vientos amarillos
diferentes de los siete sentidos encendidos;
escuchando los susurros queridos
en los caminos fríos de mi mente.

Los pasos volaban a la gran fuente
de la Esperanza del silencio;
huracanes de lluvia de consuelo
de la grandeza de sentirme fuerte.

Invadido por tu presencia
quise llegar a otro lugar encantado;
sin tiempo y deseo, estaba a tu lado.

Mediodía de luz, encuentro y viento
de la amarilla lluvia del nacimiento;
del Amor tan grande, que por ti siento.

PIEDRA Y PAPEL

Sobre el tumulto de estrategias conseguidas,
silenciosa la sirena interna que suena despacio
la alerta prende Sola, en la unión de las Almas,
miradas que lanzas y observas desde la esquina.

No dejaré que el volcán estalle en tu presencia.
No dejaré que el aguacero me empape de tristeza.
No dejaré que todo se rompa sin antes quererte.

Sobre el tumulto de estrategias conseguidas,
la intencionada sirena interna suena despacio.
En un veinte de diciembre de piedra y papel.
El deseo es curativo reviviendo nuestros lazos.

No dejaré que el volcán estalle en tu presencia.
No dejaré que el aguacero me empape de tristeza.
No dejaré que todo se rompa sin antes quererte.

Sobre el tumulto de estrategias conseguidas,
la intencionada sirena interna suena despacio.
Necesito encontrarte en la dulce mirada suave.
Que contiene mi fragilidad de los suaves abrazos.

¡No dejaré que el volcán estalle en tu presencia!
No dejaré que el aguacero me empape de tristeza.
¡No dejaré que todo se rompa sin antes quererte!

EL MEJOR REGALO

A mi hermano

En un seis de enero triste y encapotado
Por las calles al alba salieron los pasos
Buscando consuelo de un llanto atado
Camino hundido de suspiros y atajos

El frío se sentía en el Alma y los huesos
Bajo la mirada de San Pedro el Viejo
Consuelo en aquel silencio desolado
Cubierto del calor sutil de mi Amado

Vacías las calles estaban de vuelta
En casa, pan, vino y calientes lentejas
Mi cuerpo se rinde en la sobremesa

San Pascual me avisa de un sobresalto
Dormido en la noche me visita mi hermano
Con un regalo de Reyes, de magia y encanto

06 de enero de 2025

HAZ DE MÍ

En estos versos que te escribo esta noche,
en la brisa y rayos de luz que me envías,
en las madrugadas envueltas en caricias,
en tu llamada silenciosa, al Alma mía.

Haz de mí, fuente de dicha interna.
Haz de mí, ser humildad perenne.
Haz de mí, un mar de agua en cAlma.
Haz de mí, fuego y llama ardiente.

Haz de mí un haz de luz divina.
Haz de mí un suspiro de alegría.
Haz de mí un silencio sin agonía.
Haz de mí, prosperidad y armonía.

Haz de mí lágrimas de corazón.
Haz de mí una mirada brillante.
Haz de mí paciencia y dulce espera.
Haz de mí disciplina constante.

Haz de mí, otoño de viento y Sol.
Haz de mí alegría de llama viva.
Haz de mí camino de compasión.
Haz de mí, tu compañero de vida.

ATALAYA DE ESPERANZA

Noche de fría dama, mis manos danzan
en la llamada de tu helada madrugada,
en la desnudez del invierno junto al alba.
Palacio viejo encendido, cuerpo en llamas.

¿Hacia dónde voy, Atalaya de esperanza?

Escalera de luz, voz Verdadera, silencio.
Llamada ardiente en un respirar cercano.
Dando pasos hacia los latidos de la vida.

¿Hacia dónde voy, Atalaya de esperanza?

Es bálsamo de palabras dulces cantadas.
En el bosque de los sentidos descansa.
En la humildad de suspiros en calma.

¿Hacia dónde voy, Atalaya de esperanza?

La puerta está abierta al vestíbulo del Amor.
En tu camino me calma tu luz encendida.
Y mi corazón en el jardín ardiente estalló.

¿Hacia dónde voy, Atalaya de esperanza?

¿Hacia dónde me llevas, brisa sutil?
¿Dónde desembocan tus palabras?

¡Desembocan en el anhelo
de tu dulce mirada,
mientras me abrazas!

LAS NOTAS DE HAYDN

De un sobresalto de nubes oscuras,
de un mediodía en silencio
atacado por un desprecio en tortura,
cuando el brillo de mi Alma acaricio.

Por la calle de las letras perdidas
el Sol hace justicia en mi castillo,
de los pasos que doy sin sentido
y respiro y respiro sin estallidos.

No sé, cómo he llegado a mi hogar,
en la estacada niebla del desprecio,
sutilmente, me acecha a naufragar.

Respirando en una sobremesa amena,
vuelo a la cornisa del cielo de Madrid,
en pasos desnudos de música serena.

Lágrimas y lluvia viví, hasta que su voz oí.
Llegan notas de silencio y luz al compás.
Llega, la música interior del dulce diálogo.
Llega, tu bálsamo de dicha, Amor y paz.

DEJÁNDOME QUERER

En el tiempo de vida que lleva noviembre,
de repente el Amor se asoma a la esquina,
esta vez no lleva tu nombre, pero sí tu sonrisa,
fugaz la mirada encendida en un diecinueve
como aquella paloma que volaba en sueños.

Dardos que brillan en tus ojos estrellados
a montes suenan tus palabras aceleradas
en la noche desolada de un frío abandono
que recuerda tu rostro alegre, pero lejano
fugazmente huye por la cuesta del pasado.

Vuelven de nuevo mariposa y paloma
inalcanzables tus alas veloces se van
se alejan rápido en los pasos y ruedas
anhelando el abrazo que siempre vuela.

2 de marzo de 2025

CANTA EL AMOR

¡Canta el Amor, abrazo en silencio, canta el Amor!

Es la caída de la noche, la culpable del segundo,
del tiempo que transcurre, sin apenas escuchar,
saber que la consciencia, se siente sorprendida,
sin darme cuenta, del propio hechizo nocturno.

¡Canta el Amor, abrazo en silencio, canta el Amor!

Es la sorpresa convertida en caricia, es la vida,
y los pasos inciertos, del camino de perfección,
sabiendo que respiro con el viento, es la brisa,
Luz y dulce sensación, rojo, Amor, pura pasión.

¡Canta el Amor, abrazo en silencio, canta el Amor!
¡Canto al Amor, hechizos y sueños, canto al Amor!

Luna de Amor

Por David Lavado Becerra

Caminando hacia su hogar, porque él lo sentía hogar, iba mirando a la Luna. ¿O la Luna lo miraba a él? ¡Cómo brillaba esa noche! Aún no era Luna llena, pero parecía que ella misma tenía ganas de lucirse como si lo fuera. Y mientras la miraba, se acordaba de los cuatro muleros de Pepe Marchena:

La Luna blanca va asomando por las montañas del cielo,
de cuando en cuando se para, pa ver el color de tu pelo.

Con la melodía por bulerías que se imaginaba en su cabeza, seguía su camino por el sendero que lo llevaba a la nave. Aunque el paraje era de todo menos bonito o emblemático, lo miraba siempre con unos nervios en el estómago, como un niño en su primer día de escuela.

Al finalizar el camino de tierra había una vieja cancela con un candado que hacía una función distinta por la que fue fabricado, ya que no cerraba la misma, sino que simulaba el cierre y ahuyentaba a curiosos. Él lo abrió simplemente levantándolo y accedió dentro. Lo que a continuación había era un terreno baldío que en un día de primavera como aquel sólo tenía mala hierba en proceso de muerte por la sequedad del clima.

Justo a unos diez metros aproximadamente se encontraba una nave que en su tiempo fue un edificio industrial moderno en cuya pared superior aún se podía leer "MAQUINARIA INDUSTRIAL HERMANOS GONZÁLEZ". Sabía que, aunque parecía que no había nadie en su interior, estaba dentro esperándolo la única persona que hacía removerse su Alma con sólo mirarle. Pero él no quería ir esa noche ahí, cualquier noche sí, pero esa misma no. No porque la noche fuera especial en sí misma, sino por lo que le deparaba la mañana siguiente.

Deslizó la pesada y oxidada puerta de hierro y entró en su interior. A priori no había nada. Poco a poco sus ojos fueron acostumbrándose a la oscuridad; pudo ver primero cómo los rayos de luz de Luna entraban por los grandes ventanales que había en la parte más alta de la nave y después fue vislumbrando los objetos abandonados que antaño habían servido como enseres del trabajo que allí se realizó durante generaciones. Tardó segundos mientras ubicaba todo el espacio que iba percibiendo hasta que vio su cara, una cara a su parecer esculpida por los antiguos dioses griegos que habrían puesto tanto empeño en hacer un ser de belleza superior que le parecía mentira que se hubiera fijado en él.
—Pensé que hoy no vendrías como me dijiste…

¿Cómo no iba a ir? ¿Cómo iba a permitir pasar un rato, por mínimo que fuese, con el que para él era el Amor de su vida?

Sin decir nada se abalanzó sobre él, pero no fue para fundirse en un beso apasionado ni para desbocar sus cuerpos en una avalancha de caricias y roces. Fue para abrazarlo, lo único que le salió en ese momento fue esconderse entre sus brazos. Si por él hubiese sido se hubiera perdido para siempre en ellos, en ese momento, sin ni siquiera pensar en las consecuencias de desaparecer.
—¿No quieres que hablemos? ¿Solo vas a abrazarme?

No sabía ni qué responder, sabía que había llegado el día que siempre tuvo en mente que llegaría, pero que decidió ignorar para no sufrir. El día de mañana suponía un antes y un después para la relación que a ocultas del mundo llevaban manteniendo más de cinco años.

—Se lo que vas a decirme y solamente quiero aprovechar el momento para darte este abrazo y agradecerte todos estos años en los que me has dado una felicidad que no podría explicar con palabras.

Sin dejar que pudiese reaccionar a sus palabras, se despidió con un beso, sin intensidad, pero de adiós, y salió corriendo deshaciendo el camino que minutos antes había hecho.

§

Dos horas después de haberse levantado en la mañana de sábado y sin haberlo pensado con tranquilidad se encontraba en el único sitio que deseaba no estar, pero que algo en su interior le indicaba que tenía que verlo. Sonaron las campanas de la iglesia, alto, tan alto que las golondrinas de los balcones colindantes batieron sus alas y echaron a volar. El tumulto de gente empezó a salir y finalmente salieron los dos. Él, tan guapo como siempre, pero con una luz especial y ella vestida de blanco, a la cual prefirió no mirar.

Y su corazón se paró, no de forma literal, pero en su interior se rompió un trozo de su vida. El Amor, el único que había conocido, se esfumaba al ritmo del arroz lanzado, la risa de los niños, los aplausos de los invitados, el cantar de los pájaros, el ruido el viento, los rayos del Sol, el repique continuo de campanas.

§

Dedicó toda esa tarde sólo en el bar pensando que la bebida lo podía salvar. Como buena enemiga lo único que le dio fue una falsa sensación de euforia, falsa y efímera a la vez. Llegada la noche la tristeza lo invadía por completo. Y decidió irse, decidió no sufrir.

Fue camino al que hasta el día anterior había sido su nido de Amor, su hogar, y otra noche volvía a ver la Luna, pero hoy no brillaba, estaba borrosa, tenía cerco. Y a la cabeza le vino la misma canción de Pepe Marchena, pero esta vez una estrofa muy diferente:

Tiene cerco la Luna, madre mía mi amante ha muerto,
la Luna está llorando, madre, de sentimiento.

Y sin pensar en las consecuencias de su acto, siendo el ser más egoísta con su entorno, pero más generoso consigo mismo, se fue de la vida, hacia un vuelo eterno a donde nadie sabe, ni donde nadie juzga, ni donde nadie se oculta. ¿Quién quiere una vida sin Amor?

SERÁ EL LENGUAJE DE LOS ÁRBOLES,
CON SUS GRITOS Y RAÍCES, EL QUE
NOS AVISARÁ DE QUE YA NO
ESTAMOS JUNTOS

@ALFONSO.BECERRA.POESIA

Por caminos diferentes
de sentidos encendidos
de dulces vientos fríos,
encuentro al Amado mío.

CAMINO DE LOS ROMEROS

Por el camino de los romeros
Hay flores amarillas de luceros
El Horizonte es de sierra blanca
Las espigas encorvan su danza

Por el camino de los romeros
Regresan volando las cigüeñas
El perro blanco ladra a lo lejos
Fecundo marzo grita primavera

Por el camino de los romeros
Tres niños corren por la pradera
Suenan melodías en riachuelos
Canta el canto de los jilgueros

En la brisa sutil siento tus besos
He oído tu dulce voz por dentro
He escuchado notas y versos
Por el camino de los romeros

Suave Sol siento en mi corazón
Brotes de almendro contemplo
Abejas danzan, flores blancas
En dirección al inmenso azul cielo

Llegando al final de este libro
Has leído mi Alma encendía
Caminando por versos de luz
Embriagado de dulce poesía

**Y de repente,
Dios es Amor**

¡Por el camino de los romeros!

24 de abril de 2025

ÍNDICE